Blonde Gedanken - jetzt fällt`s mir wieder ein..

Das bin ich:

Blonde Gedanken - jetzt fällt`s mir wieder ein..

Bibliografische Information der Deutschen Nationalbibliothek:
Die Deutsche Nationalbibliothek verzeichnet diese Publikation in der Deutschen Nationalbibliografie; detaillierte bibliografische Daten sind im Internet über http://dnb.d-nb.de abrufbar

Herstellung und Verlag: Books on Demand GmbH, Norderstedt

ISBN: 9783842372122